IT de la « Revue Algérienne, Tunisienne et Marocaine »

DE LÉGISLATION ET DE JURISPRUDENCE

(Numéro de Juin 1913)

LE

DROIT MUSULMAN ALGÉRIEN

(Rite Malékite)

SES ORIGINES

PAR

Marcel MORAND

ALGER

TYPOGRAPHIE ADOLPHE JOURDAN

IMPRIMEUR-LIBRAIRE-ÉDITEUR

Place du Gouvernement

1913

EXTRAIT de la « Revue Algérienne, Tunisienne et Marocaine »
DE LÉGISLATION ET DE JURISPRUDENCE
(Numéro de Juin 1913)

LE

DROIT MUSULMAN ALGÉRIEN

(Rite Malékite)

SES ORIGINES

PAR

Marcel MORAND

ALGER
TYPOGRAPHIE ADOLPHE JOURDAN
IMPRIMEUR - LIBRAIRE - ÉDITEUR
Place du Gouvernement

1913

LE DROIT MUSULMAN ALGÉRIEN (Rite Malékite)

Ses Origines [1]

1. — *Malek ibn Anas*, le fondateur du rite malékite, né en 97 et mort en 179 de l'Hégire, à Médine, y exerça les fonctions de *grand imam* [2], y enseigna et y composa le *Mououat't'a.*

Le *Mououat't'a* est un recueil de traditions, le premier se référant à des matières juridiques. « C'est, dit, en effet, M. de Slane, le premier ouvrage de ce genre qui ait été mis par écrit ; jusquelà on s'était contenté de transmettre oralement les traditions relatives à Mohammed »[3]. Le *Mououat't'a* fut rédigé par *Malek*, sur l'initiative d'*Abou Djafar*[4], et son nom, le *Sentier aplani* [5], vient de ce que le Prophète, étant une nuit apparu à Malek, lui aurait dit : « *Tu as aplani la religion* » [6]. Le nombre des traditions, des hadits recueillis dans le *Mououat't'a* est peu considérable ; il est d'environ 300[7] ; mais on y trouve, aussi, consignés de nombreux usages reçus à Médine et que Malek a notés en en même temps que les *hadits* qu'il recueillait, parce que, considérant que les usages en vigueur de son temps, à Médine, avaient été empruntés aux générations précédentes qui les tenaient, elles-mêmes, de ceux qui, « ayant été témoins oculaires des actes du Prophète, en avaient pris connaissance et gardé le souvenir » [8], ces usages faisaient, en quelque sorte, partie de la *tradition* et avaient, au même titre qu'elle, force de loi [9].

Quant à la doctrine oralement enseignée par *Malek*, nous

---

(1) Cette étude est extraite d'un *Précis de droit musulman algérien*, dont nous préparons la publication.

(2) Ibn Khaldoun, *Prolégomènes*, trad. de Slane, t. iii, p. 6.

(3) Cf. Ibn Khaldoun, *op. cit.*, t. i, p. 32, note 5.

(4 et 5) *Eod. loc.*

(6) Cf. Zeys, *Essai d'un traité méthodique de droit musulman*, t. i, p. 3.

(7) Ibn Khaldoun, *op. cit.*, t. ii, p. 477.

(8) *Eod. loc.*, t. iii, p. 6.

(9) M. Peltier a donné une traduction du livre des ventes du *Mououat't'a.*

devons de la connaître à l'un de ses disciples, *Abou Abd Allah Abd er-Rahman ben el-Kacim*, mort en l'an 191 de l'Hégire, et qui est l'auteur d'une sorte de digeste ou *Moudaououanat*, dans lequel sont relatées, par ordre de matières, les décisions recueillies par Malek, ainsi que les solutions fournies par lui en même temps que les opinions formulées sur certains points spéciaux, par *Ben el-Kacim* lui-même. Il est à remarquer, d'ailleurs, que les opinions de *Ben el-Kacim* ne concordent pas toujours avec celles de son maître, au point qu'on a quelquefois opposé l'*Ecole de Ben el-Kacim* à celle de *Malek* [1].

Deux élèves de *Ben el-Kacim*, *Açad ben el-Forat* et *Sahnoun*, morts le premier en l'an 213 et le second en l'an 240 de l'Hégire, ont donné l'un et l'autre, une récension de la *Moudaououanat* [2]. A en croire certains auteurs, toutefois, *Sahnoun* n'aurait fait que réviser, que retoucher le travail d'*Açad* [3]. Quoi qu'il en soit, que *Sahnoun* ait recueilli la *Moudaououanat* directement de *Ben el-Kacim*, ou qu'il n'ait fait que recenser le texte établi par *Açad*, qu'il y ait eu deux *Moudaououanat* ou qu'il n'y en ait eu qu'une, dont *Sahnoun* n'aurait fait que donner une nouvelle édition, il n'en est pas moins certain que le recueil le plus estimé est celui de *Sahnoun* et que c'est le recueil de *Sahnoun* qui est devenu classique dans toute l'Afrique du Nord [4].

2. — Les doctrines de *Malek* se répandirent dans l'Irak [5], avec le cadi *Ismaïl*, — en Egypte, [6] avec *Ben el-Kacim*, — puis dans l'ouest de l'Afrique et en Espagne [7]. Elles ne tardèrent pas, on l'a vu précédemment, a être presque entièrement supplantées dans l'Irak par le Hanéfisme et en Egypte par le Chaféisme [8]. Mais, ainsi qu'il a été dit plus haut et pour les raisons précédemment indiquées [9], elles eurent tôt fait de

---

(1) Cf. Khalil, *trad. Seignette*, art. 501 et 502.

(2) Cf. Fagnan, *trad. de Khalil*, Mariage et répudiation, p. v.

(3) Cf. Vincent, *Etudes sur la loi musulmane*, p. 39 et 40.

(4) Cf. Ibn Khaldoun, *op. cit.*, t. iii, p. 16 et 17. Une nouvelle édition de la *Moudaououanat* a été donnée récemment au Caire, en l'année 1323 de l'Hégire.

(5, 6 et 7) Ibn Khaldoun, *op. cit.*, t. iii, p. 15 et 16.

(8) Le malékisme a eu, cependant, au début du vᵉ siècle de l'Hégire, un regain de faveur en Egypte, grâce au succès obtenu dans son enseignement par le cadi Abou Mohammed Abd el Ouahhab ibn Ali qui, chassé par la misère de Baghdad, vint enseigner au Caire les doctrines des Malékites de l'Irak (Cf. Ibn Khaldoun, *op. cit.*, t. iii, p. 12 et 19).

(9) Le passage de notre *Précis* en préparation, auquel il est ainsi renvoyé, est le suivant :

Le rite malékite n'a guère d'adeptes que dans l'Afrique du Nord. Le rite hanéfite est spécial aux Ottomans. Le rite chaféite groupe la plupart des musulmans d'Egypte et de Malaisie. Quant au rite hanbalite, il ne compte guère d'adhérents que dans l'Arabie centrale et dans l'Yémen.

Si le rite malékite n'a guère d'adeptes que dans l'Afrique du Nord, l'on peut dire qu'il y règne sans partage. Au Maroc, il n'y a que des Malékites ; en Tunisie, les Hanéfites ne se rencontrent qu'à l'état d'exception (*) ; et, en Algérie, il n'est guère d'Hanéfites que dans quelques villes du littoral. Il est si peu d'Hanéfites en Algérie, que la jurisprudence a posé en principe qu'à moins de preuve contraire, les indigènes musulmans algériens devaient être présumés Malékites (**).

Mais comment expliquer cette répartition géographique ? D'où vient qu'en certaines régions déterminées, un rite soit parvenu à l'emporter sur tout autre ? Ainsi que l'a montré Snouck-Hurgronje, ce n'est point par la valeur de sa méthode que se justifie la victoire d'un rite sur un autre (***), mais bien par l'effet de circonstances purement accidentelles : — faveur du prince motivée, le plus souvent, par l'intérêt personnel de ce dernier (****) ; — esprit de prosélytisme des adeptes d'un rite déterminé, secondé par l'autorité qui dérive du talent d'enseignement et de la dignité de l'existence ; — situation privilégiée de certaines écoles qui, placées sur la route des villes saintes, hébergeaient et instruisaient de nombreux pèlerins, lesquels, revenus dans leur pays d'origine, propageaient l'enseignement qu'ils avaient reçu ; — puissance d'expansion plus grande appartenant à un rite déterminé dans une région déterminée et provenant de l'identité ou même simplement des ana- logies existant entre l'état social et le régime économique des habitants de cette région et l'état de civilisation du pays où ce rite avait pris naissance.

Or, en ce qui concerne le rite malékite, il semble que toutes ces causes se soient trouvées réunies pour assurer son triomphe dans le nord de l'Afrique. Il suffit, pour s'en convaincre, de se reporter aux textes suivants, empruntés à El-Makrizi et à Ibn Khaldoun :

« Yahhia ben Yahhia ben Ketir, dit El-Makrizi... qui avait fait le pèlerinage, qui avait entendu le Mouettha, à l'exception de quelques chapitres, de Malek lui-même.... de retour dans sa patrie, s'y était élevé à un degré d'autorité et de considération que nul autre n'avait atteint ; c'était de lui qu'émanaient les fétouas ; monarques et sujets venaient le consulter, et Hescham ne nomma plus de qadhy dans toute l'Espagne que d'après sa présentation et

(*) Gaudiani et Thiaucourt, *La Tunisie,* p. 84, col. 1, note 2.

(**) Trib. Alger, 6 mai 1897 ; *J. Robe,* 1898, p. 31.

(***) *Le Droit musulman,* p. 27.

(****) « Les mollahs du village (de Soltanieh) gardent encore la mémoire du fondateur de la mosquée grandiose où de tout le pays, les gens venaient à la prière. Il n'y avait alors que des sunnites dans cette région de l'Iran. Quand survint un mollah d'Ispahan, Mollah Hoséïn Kachéfi (celui qui pénètre les secrets divins) ; le roi mongol qui venait de répudier, pour la troisième fois une femme aimée et d'humeur fantasque, désirait la réépouser une quatrième. Or, pour ce faire, la loi sunnite ne possédait plus de ressources. Mollah Hoséïn sut exposer à temps les mérites du chiisme, plus libéral en pareille affaire, et guider la conscience souveraine. Le saint homme qui réussit ainsi à procurer à la Perse l'un de ses premiers princes chiites, est vénéré dans un *imamzadé* voisin du village » (Aubin, *La Perse d'aujourd'hui,* p. 11).

conquérir l'Afrique Mineure [1] et l'Espagne où elles n'ont cessé, depuis, de régner sans conteste.

Et, cependant, le rite malékite n'est pas le premier qui ait été introduit en ces régions. L'Espagne et les Maurétanies furent, tout d'abord, soumises au rite d'A'ouzaï [2] et, pri-

---

le choix qu'il s'était appliqué à en faire » (*). « El Moaz ben Badis, dit encore le même auteur, poussa toutes les populations de l'Afrique à adopter le rite de Malek à l'exclusion de tous les autres rites. Tous les habitants de l'Espagne et de l'Afrique ont été ainsi amenés à embrasser le rite de Malek, et jusqu'à ce jour, à le suivre, par le désir d'avoir part aux faveurs du prince et par l'amour du temporel ; car les fonctions de mufty et de qadhy n'y étaient conférées dans l'universalité des villes et des bourgs, qu'à des hommes connus pour être jurisconsultes suivant ce rite » (**).

Quant à Ibn Khaldoun, il s'exprime ainsi : « Le système malékite règne dans ces deux contrées (Mauritanie et Espagne) parce que les étudiants maghrébins et espagnols, qui voyageaient pour s'instruire, se rendaient ordinairement dans le Hidjaz, sans aller plus loin. A cette époque la science du droit avait pour siège la ville de Médine (capitale du Hidjaz), et de là elle s'était propagée dans l'Irac, province qui ne se trouvait pas sur le chemin de ces voyageurs. Ils se bornèrent donc à étudier sous les docteurs et professeurs de Médine, ville où Malek était alors l'imam de la science, où ses maîtres avaient tenu ce haut rang avant lui et où ses disciples devaient le remplacer après sa mort. Aussi les Mauritaniens et les Espagnols se rallièrent-ils au système de Malek à l'exclusion des autres, dont ils n'avaient jamais eu connaissance. Habitués, d'ailleurs, à la rudesse de la vie nomade, ils ne pensèrent nullement à s'approprier la civilisation plus avancée que la vie sédentaire avait développée chez les habitants de l'Irac. Ils eurent bien moins de penchant pour ceux-ci que pour les habitants du Hidjaz, avec lesquels ils avaient plus de ressemblance sous le point de vue de la civilisation qui était celle de la vie nomade. C'est pour cette raison que la jurisprudence malékite est toujours restée florissante chez eux et n'a jamais subi les corrections et modifications que l'influence de la civilisation sédentaire a fait éprouver aux autres systèmes » (***).

(1) Par Afrique Mineure on entend la Berbérie, soit la Tunisie, l'Algérie et le Maroc. Cf. Girault, *Principes de Colonisation et de Législation Coloniale*, 3ᵉ éd., t. III, p. 5.

(2) Makrizi, *loc. cit.*, p. 22. Cf. Fagnan, *Les Tabakat malékites*, dans *Homenaje a D. Francisco Codera*, p. 107.

(*) *Description historique et topographique de l'Egypte*, cité par Vincent, *op. cit.*, p. 21 et 22. Les sympathies des Oméïades d'Espagne, pour le rite malékite, provenaient surtout de ce que Malek avait pris parti pour les Oméïades contre les Abbasides et enseignait que seul, Hescham I, Khalife d'Espagne, avait droit au khalifat. Cf. Doutté, *L'Islam algérien en l'an 1900*, p. 24.

(**) *Eod. loc.*, p. 25 et 26.

(***) *Op. cit.*, t. III, p. 14.

mitivement. l'*Ifrikiia* (1) obéit au rite d'Abou Hanifat (2).

Mais, de très bonne heure, le rite malékite pénétra dans l'Afrique Mineure et en Espagne. D'après certains auteurs, il aurait été introduit en Espagne par *Ziiad ben Abd er-Rahman Lakhmi*, surnommé *Chabatoun* et mort à la fin du IIe siècle de l'Hégire (3). Selon d'autres, cette importation aurait été le fait d'*El Ghazi ben Kaïs*, de qui *Chabatoun* fut l'élève (4). — Et c'est, en *Ifrikiia*, *Sahnoun Abou Saïd ben Abdesselam et-Tenoukhi*, mort en l'an 240 de l'Hégire, qui aurait fait connaître la doctrine de *Malek* (5).

Toujours est-il que, dès avant la mort de *Sahnoun*, la doctrine malékite prévaut en *Ifrikiia* et, qu'après avoir conquis l'Espagne sous le khalifat de l'oméïade *Hescham* (6), elle ne tarde pas à envahir les Maurétanies et à y dominer.

3. — Ainsi, il s'est constitué, aux IIe et IIIe siècles de l'Hégire, en Occident, — en *Ifrikiia* et en Espagne, — à Kairouan et à Cordoue, — deux foyers d'influence malékite qui ont rayonné sur toute l'Afrique Mineure et ce sont les écoles de Kairouan et de Cordoue qui ont conquis le Moghreb au malékisme (7).

L'école de Kaïrouan eut pour chef *Sahnoun*, dont il a été parlé plus haut, le disciple de *Ben el-Kacim*, le rédacteur de la *Moudaououanat*. — L'école de Cordoue fut fondée par *Abd el Malck ibn Habib*, mort en l'année 238 de l'Hégire (8).

---

(1) Par *Ifrikiia*, nous entendons avec Ibn Khaldoun (cf. *op. cit.*, t. I, p. 7, note 2, et p. 312, note 2) la partie de l'Afrique Mineure qui comprenait la province de Constantine, la Tunisie et la Tripolitaine. Nous croyons devoir nous expliquer sur ce point parce que le sens des mots : *Moghreb*, *Ifrikiia*, varient avec les auteurs. Tandis que pour *Ibn Khaldoun*, par exemple, le Moghreb est la partie de l'Afrique Mineure située à l'ouest de *Ifrikiia* telle qu'elle vient d'être définie (cf. *op. cit.*, t. I, p. 312, note 8), pour l'auteur du *Kitab el-Istibçar*, l'*Ifrikiia* « s'étend en longueur depuis Barka à l'est jusqu'à Tanger à l'ouest..... », si bien que, pour lui, en fin de compte, les mots *Moghreb* et *Ifrikiia* sont synonymes (cf. *trad. Fagnan*, p. 6, 114 et 120).

(2) Makrizi, *loc. cit.*, p. 23.

(3) *Eod. loc.*, p. 22.

(4) Cf. Fagnan, *Les Tabakat malékites*, *loc. cit.*, p. 108.

(5) Makrizi, *loc. cit.*, p. 24 et 25.

(6) *Eod. loc.*, p. 21 et 22.

(7) Ibn Khaldoun, *op. cit.*, t. III, p. 18 et 19. — « Sachez que, à raison de l'importance que l'on reconnaissait à Cordoue, sa jurisprudence faisait autorité dans le Gharb, si bien que l'on y disait dans les jugements : « telle a « été la jurisprudence suivie à Cordoue » (El Makari, cité par Vincent, *op. cit.*, p. 29).

(8) Cf. Ibn Khaldoun, *op. cit.*, t. III, p. 16, note 1, et p. 18.

Les docteurs de Kairouan firent, de la *Moudaououanat*, la base de leur enseignement [1]. *Ibn Younès, El-Lakhmi, Ibn Mohrez, El-Tounici, Ibn Bechir*, d'autres encore, donnèrent des abrégés ou des commentaires de la *Moudaououanat* [1]. Mais aucun de ces abrégés ou commentaires n'atteignit la réputation de la *Riçalat* [2] d'*Abou Mohamed Ibn Abi Zeïd el-Kaïrouani*, mort en l'an 390 de l'Hégire [3], ni celle du *Tehdib* [4] d'*Abou Saïd el-Beradaï* [5], contemporain d'*El Kaïrouani*. Le succès de la *Riçalat* fut tel « que l'on chercherait en vain dans le rite un autre ouvrage dont il existe autant de copies, et peut-être aussi qui compte autant de commentaires [6] ».

En Espagne, l'*Otbiia* du jurisconsulte *Mohammed ibn Ahmed el-Otbi*, décédé en l'an 254 de l'Hégire et disciple d'*Ibn Habib*, eut la même fortune que la *Riçalat* en *Ifrikiia*. Elle fut considérée comme l'expression la plus exacte et la plus complète des doctrines de l'école de Cordoue ; elle devint l'ouvrage classique [7] dont les disciples de cette école se sont bornés, par la suite, à donner des résumés et des commentaires. Au nombre des ouvrages écrits sur l'*Otbiia*, l'un des plus estimés est celui d'*Ibn Rochd*, l'aïeul d'*Averrhoès*, décédé en l'année 520 de l'Hégire [8].

4. — Pendant de longues années, pendant des siècles, les docteurs de *Kaïrouan* et ceux de *Cordoue* ont manifesté une vive défiance à l'égard des doctrines de l'École malékite de l'*Irak*, et, en particulier, à l'égard des doctrines professées par les Malékites d'Egypte, lesquels se rattachaient à cette École de l'Irak, « parce que ce pays était très éloigné, dit *Ibn Khaldoun*, que les sources où l'on avait puisé ces doctrines, leur étaient restées inconnues et qu'ils savaient à peine par quels moyens les docteurs de l'Irac avaient acquis leurs connaissances. D'ailleurs ceux-ci avaient pour principe de résoudre certaines questions en employant d'une manière parfaitement consciencieuse les efforts de leur propre jugement (*idjtihad*), et niaient

---

(1) *Eod. loc.*, p. 17.
(2) *Riçalat* : petit traité.
(3) Cf. Ibn Khaldoun, *op. cit.*, t. i, p. 227, et note 3 ; et t. iii, p. 17.
(4) *Tehdib* : refonte.
(5) Ibn Khaldoun, *op. cit.*, t. iii, p. 17.
(6) Vincent, *op. cit.*, p. 45.
(7 et 8) Ibn Khaldoun *op. cit.*, t. iii, p. 17 et note 4.

l'obligation d'adopter aveuglément le système et les opinions de quelque docteur que ce fût. Voilà pourquoi les Maghrebins et les Espagnols évitèrent d'embrasser aucune opinion émise par l'École de l'Irac, à moins d'avoir bien reconnu qu'on pouvait la faire remonter à l'imam (Malek) ou à ses disciples » [1]. D'autre part, ainsi que le constate M. *Le Chatelier*, « adaptée à la coutume de Médine, la tradition malékite n'était pas faite pour les Masmouda, les Sanhadja et les Zenata du Maghrib. Elle dut se prêter aux adaptations qu'exigeaient leurs institutions particulières, en passant de l'Arabie au Maroc par les écoles intermédiaires du Caire et de Qairouan ou de Tunis [2] ».

En sorte qu'une fois introduites au Moghreb et en Espagne, les doctrines malékites s'y sont, par la suite, développées en dehors de toute influence orientale.

5. — Mais, au VIᵉ siècle de l'Hégire, *Abou Bekr et-Tortouchi* quitte l'Espagne, se rend à Jérusalem et y enseigne le droit malékite à ses étudiants venus d'Egypte. « Ses élèves, dit *Ibn Khaldoun*, mêlèrent les doctrines de l'école espagnole avec celles de l'école d'Égypte [3] ». L'un d'eux, *Send Saheb et-Tiraz*, fit lui-même école ; il forma des disciples qui, eux aussi, eurent leurs élèves. L'un des plus marquants, parmi ces derniers, fut *Abou Amr Ibn el Hadjib*, mort en l'an 646 de l'Hégire. *Ibn el Hadjib* est l'auteur d'un *Mokhtaçar*, d'un *Précis* où se trouvent résumées les doctrines malékites *égypto-moghrébines*.

D'autre part, au VIIIᵉ siècle de l'Hégire, un autre docteur malékite, *Khalil ben Ishak ben Mouça ben Cha'ib*, surnommé *el-Djondi* (le milicien), s'acquit en Égypte une très grande réputation. Il naquit d'un père hanéfite, mais ayant étudié sous la direction d'un cheikh malékite, *el-Menoufi*, il embrassa le malékisme et, à son tour, en enseigna la doctrine. Il composa un commentaire du Précis d'*Ibn el-Hadjib*, le *Taoudhih* (la mise en évidence), puis donna, lui-même un *Mokhtaçar*, un *Précis*, où se rencontrent de nombreux emprunts à celui d'*Ibn el-Hadjib*, et dont la confection, au dire de certains, lui aurait coûté vingt-cinq années de travail. Il mourut en l'an 767 de l'Hégire, selon les uns, en l'an 769 ou en l'an 776, selon d'autres, laissant la

____

(1) *Eod. loc.*, p. 19.

(2) Le Chatelier, *Le Maroc berbère et les mines européennes* ; — Rev. m. mus., fév. 1910, p. 152.

(3) *Op. cit.*, t. III, p. 19.

réputation d'un infatigable travailleur en même temps que celle d'un homme profondément religieux et vertueux[1]. Après sa mort, de très nombreux commentaires ont été donnés de son *Mokhtaçar*, ouvrage obscur et d'une concision désespérante. Les plus estimés sont ceux d'*Abd el Baki ez-Zorkani*, qui vécut au xɪe siècle de l'Hégire, d'*El-Kharchi*, mort en l'an 1102, et de *Derdir*, mort en l'an 1201 de l'Hégire.

Or, *Ibn Khaldoun* rapporte qu'introduit vers la fin du viiɪe siècle de l'Hégire en Maurétanie, l'ouvrage d'*Ibn-el-Hadjib* y « devint le manuel favori de la majorité des étudiants maghrébins [2] », et *Ahmed Baba*, auteur d'une biographie de *Khalil* et qui mourut en l'an 1036 de l'Hégire, dit que, de son temps, en Occident, à Fez, à Marrakech et ailleurs, le *Mokhtaçar* de Khalil et la *Riçalat* sont les deux seuls traités qui soient étudiés et que le *Taoudhih* est dans toutes les mains, en Orient comme en Occident, que nul commentaire d'*Ibn el-Hadjib* n'est aussi utile ni aussi connu et que « c'est sur lui que s'appuient tous les savants et jusqu'aux imams du Maghreb, élèves d'*Ibn Arafa* et autres, quelque connaissance qu'ils aient de la doctrine malékite, ce qui est une preuve bien suffisante qu'on lui reconnaît la première place [3] ».

En sorte que l'on ne saurait contester qu'aux viɪe et viiɪe siècles de l'Hégire, les légistes du Moghreb et de l'Espagne se sont départis de cette aversion dont parle *Ibn Khaldoun*, pour le malékisme égyptien, disciple de celui de l'Irak, — qu'à cette époque, dans une certaine mesure, le malékisme moghrebin a subi des influences orientales, — et qu'en fin de compte, le droit qui, à la fin du viiɪe siècle de l'Hégire, régit les musulmans du Moghreb, c'est le droit d'*Ibn el Hadjib* et de *Khalil*, c'est-à-dire le droit né de la fusion des doctrines malékites égyptiennes et moghrébines [4].

---

(1) Pour la biographie de Khalil, nous renvoyons à celle dont *Ahmed Baba* est l'auteur, qui a été reproduite dans le *Bostan d'Ibn Meryem* et dont M. Fagnan a donné une traduction dans l'introduction de son ouvrage : *Mariage et Répudiation*, traduction avec commentaires de *Sidi-Khalil*.

(2) Ibn Khaldoun, *op. cit.*, t. ɪɪɪ, p. 21.

(3) Fagnan, *Mariage et répudiation*, traduction avec commentaires de *Sidi-Khalil*, p. xv.

(4) « Les doctrines des Malékites égyptiens se sont mêlées avec celles des Malékites maghrébins, et le résumé s'en trouve dans le *Mokhtecer* (ou abrégé) d'*Abou Amr Ibn el-Hadjeb* » (Ibn Khaldoun, *op. cit.*, t. ɪɪɪ, p. 20).

6. — Quelles ont été, par la suite, les destinées du malékisme
en Occident ?

Il a toujours été admis, en Algérie, depuis l'occupation
française, que le droit qui régissait les musulmans malékites du
Moghreb, à la veille de cette occupation, c'était encore le droit
consigné par *Khalil* dans son *Précis*, qui, vieux de cinq siècles,
n'avait rien perdu de l'autorité dont il avait joui au viiiᵉ siècle
de l'Hégire, que les juristes qui avaient écrit, par la suite,
s'étaient bornés à en donner des commentaires, et que c'était,
encore, dans le *Précis* et ses commentaires qu'en 1830, les
cadis algériens cherchaient à découvrir la solution des diffi-
cultés qui leur étaient soumises, en sorte que le droit musulman malékite du Moghreb aurait, au viiiᵉ siècle de l'Hégire,
subi une sorte de cristallisation [1] ; il aurait, dans le *Précis* de
Khalil, trouvé sa formule définitive.

Or, il y a là, à notre avis, une manière de voir tout à fait
erronnée.

a. — Tout d'abord, en effet, si les siècles qui ont suivi
celui dans lequel a vécu *Khalil*, peuvent être, au point de vue
de l'enseignement du droit et de la production juridique, tenus
pour des siècles de décadence, il ne faudrait pas croire, cependant, que le *Précis* de *Khalil* soit la dernière œuvre originale
qu'ait connue l'Occident musulman. L'Occident musulman
produit encore, en effet à la fin du viiiᵉ siècle et au commen-
cement du ixᵒ siècle de l'Hégire, des juristes estimés dont
l'autorité a été plus circonscrite, peut-être, que celle de *Khalil*,
mais qui se sont acquis, cependant, une renommée aussi
durable que celle de ce dernier. Il nous suffira, pour l'établir,
de citer les noms d'*Ibn Arafa*, mort en 803 de l'Hégire « fréquemment cité comme une lumière de l'École » [2] de Tunis, et
aux œuvres de qui se réfèrent souvent les commentateurs de
Khalil eux-mêmes [3] — et d'*Ibn Accm*, décédé en l'an 829 de

---

(1) « C'est ainsi que nos jurisconsultes africains sont cristallisés dans le
Mokhtaçar de Khelil ben Ishaq qui est devenu ici presque la seule autorité
religieuse et qu'on appelle toujours *Sidi-Khelil* par respect. On n'étudie
même plus l'ouvrage du fondateur du rite, le *Mouwat't'a* de l'imam Malik.
A quoi bon puisque Khelil a tout prévu et est en somme beaucoup plus
complet que l'imam » (Doutté, *op. cit.*, p. 27).

(2) Fagnan, *Les Tabakat malékites*, *loc. cit.*, p. 108. — Cf. *El Bostan ou
Jardin des biographies des saints et savants de Tlemcen* par Ibn Maryem Ech-
Chérif el-Melity, traduit et annoté par F. Provenzali, p. 56, 107, 156, etc.

(3) Cf Seignette, *trad. de Khalil*, Introduction, p. lxv.

l'Hégire, qui fut cadi à Grenade et dont la *Tohfat* a joui et jouit encore d'une telle estime qu'elle est, à l'heure actuelle, avec le *Précis* de *Khalil* et deux ou trois autres traités, l'un des ouvrages servant de base à l'enseignement du droit à la mosquée de *Karaouiyn* de *Fez* [1].

b) Il faut, en outre, tenir compte de ce fait que la bibliographie du droit musulman n'a pas compté seulement des traités doctrinaux, mais aussi des *traités de pratique judiciaire*, de véritables recueils de jurisprudence où les juges s'efforçaient de découvrir, tout aussi bien que dans les ouvrages de pure doctrine les solutions à donner aux litiges qui leur étaient soumis; telle la *Tebcirat el-Houkkam*, d'*Ibn Farhaoun*, espagnol d'origine, né à Médine, mort en l'an 799 de l'Hégire, laquelle « est encore de nos jours quotidiennement employée par les juges et les légistes » [2], ou le recueil de *Fétouas* des *fouqahas* du Moghreb d'*El Ouancharici*, décédé en l'an 914 de l'Hégire [3].

c) D'autre part, quelle qu'ait été la faveur avec laquelle le *Précis* de *Khalil* a été accueilli au Moghreb, cette faveur n'a pas été telle qu'elle ait fait perdre le souvenir de tous les traités qui, jusqu'alors, avaient fait autorité. La *Riçalat*, notamment, demeura classique ; on continua de l'étudier en même temps que le *Mokhtaçar* de *Khalil* [4]. Il semble, même, qu'à mesure que s'accentua « la décadence et le déclin de la science » [5], la *Riçalat* ait reconquis peu à peu tout le terrain que l'introduction des œuvres de *Khalil* au Moghreb lui avait fait perdre. Fournissant un nombre considérable de solutions, cent mille explicites et cent mille implicites, dit-on, [6] mais rédigé en phrases d'une extrême concision et écrit dans une langue obscure, le *Précis* de *Khalil* ne fut bientôt intelligible qu'à un petit nombre. La *Riçalat*, au contraire, ne donnant que les principes essentiels de la doctrine malékite, d'une lecture facile, demeurait accessible à la masse ; elle devint le manuel de droit par excellence, au point qu'on a pu écrire que, « de tous les

---

(1) Cf. *L'Enseignement indigène au Maroc*, Rev. m. mus., t. xv, p. 445.
(2) Fagnan, *Les Tabakat malékites*, *loc. cit.*, p. 110, note 2.
(3) *La Pierre de touche des Fétwas*, 2 vol., trad. Emile Amar.
(4) Cf. El Bostan, *trad. Provenzali*, p. 107.
(5) *Eod. loc.*
(6) Vincent, *op. cit.*, p. 35.

livres élémentaires du rite, c'est incontestablement le plus classique »[1].

Et il résulte des renseignements que nous avons recueillis en Algérie, de ce qui nous a été dit notamment, par M. *Abderrazak Lacheref*, cadi hanéfite d'Alger, qu'à la veille de l'occupation française, la *Riçalat* était entre les mains de tous les *fouqaha*, alors que, seuls, quelques mouftis ou cadis de villes telles qu'*Alger*, *Constantine* ou *Tlemcen*, qui étaient demeurées des centres d'études juridiques, possédaient le *Mokhtaçar* de *Khalil*. Nous tenons, également, de M. *Cherchali*, professeur à la médersa d'Alger, qu'il y a moins de trente ans, le *Mokhtaçar* de *Khalil* était encore si peu répandu que son beau-père, M. *Ibnou Zekri*, également professeur à la médersa d'Alger, ne put que très difficilement s'en procurer une copie complète.

D'ailleurs, M. *Perron*, le premier français qui ait entrepris la traduction du *Mokhtaçar* et le seul qui l'ait donnée intégrale, rapporte que, lorsque le ministère de la guerre l'eut chargé de cette traduction, son premier soin fut de chercher à se procurer à la bibliothèque royale les ouvrages qui lui étaient indispensables pour remplir sa mission. Or, s'il y trouva un excellent manuscrit du *Mokhtaçar*, il n'y rencontra pas un seul commentaire complet, et comme le *Mokhtaçar* est parfaitement inintelligible sans le secours des commentaires, c'est d'Egypte qu'il dut se faire expédier les commentaires sans lesquels il lui eût été impossible de mener à bien la tâche qu'il avait assumée [2].

D'autre part, si l'on consulte le catalogue des manuscrits arabes de la grande mosquée d'Alger publié par M. *Ben Cheneb*, on constate que sa bibliothèque ne possède que quelques commentaires du *Précis* de *Khalil*, et qu'il n'en est pas un seul qui soit complet.

Enfin, le dépouillement des livres et manuscrits provenant du Soudan et remis à la Bibliothèque nationale à la suite des campagnes du général *Archinard*, alors colonel, a révélé l'existence d'un nombre d'exemplaires ou de copies manuscrites de la *Riçalat* si considérable, qu'on est en droit d'affirmer que, si ce traité n'est point le seul ouvrage de droit que connaissent les musulmans du Soudan, il est, du moins, pour eux, le manuel de droit par excellence.

---

(1) *Eod. loc.*, p. 45.
(2) Cf. *trad. de Khalil*, t. I, Aperçu préliminaire, p. XXI et suiv.

Il est bien vrai qu'en certaines régions de l'Algérie, dans le département d'Oran, par exemple, la *Tohfat d'Ebn Acem* est, peut-être, plus répandue que ne l'est la *Riçalat* et, qu'en quelques villes de la même région, telles que *Mazouna* [1], qui sont demeurées des foyers d'études juridiques, *Khalil* bénéficie, aujourdh'ui encore, d'un véritable culte ; il n'en est pas moins vrai que, de l'ensemble de faits ci-dessus relatés, se dégage cette impression que jamais le *Précis* de *Khalil* n'a eu, en Algérie, l'autorité que nous lui avons prêtée.

d) Nous ne prétendons pas, toutefois, que le droit effectivement appliqué aux musulmans d'Algérie à la veille de l'occupation française, fût encore celui de la *Riçalat*, et nous n'entendons pas dire que, si le droit moghrébin n'a pas trouvé sa formule définitive dans le *Précis* de *Khalil*, il l'a trouvée dans la *Riçalat*. Quelque grande, en effet, que soit encore, l'estime en laquelle les musulmans d'Algérie tiennent la *Riçalat*, et malgré qu'aujourd'hui, encore, la *Riçalat* soit demeurée, pour eux, le manuel de droit par excellence, celui que l'on met entre les mains de tous les débutants [2], on ne saurait prétendre que les principes formulés, dans ce manuel, étaient, encore, à la veille de l'occupation française, ceux qui régissaient les rapports juridiques des indigènes de l'Algérie ; car, quelque lent que puisse être le développement politique, social ou économique d'un peuple, il est invraisemblable, qu'après des siècles écoulés, les rapports juridiques se soient si peu modifiés que les mêmes règles leur soient demeurées applicables et aient pu continuer de leur demeurer appliquées. Le droit est, en effet, en perpétuelle transformation, et si la loi écrite n'est pas modifiée et constamment adaptée aux rapports juridiques nouveaux qui viennent à s'établir, il arrive fatalement un moment où le juge se trouve dans l'impossibilité, même au prix d'une interprétation nouvelle, de baser, pour sanctionner ces rapports juridiques nouveaux, sa sentence sur cette loi écrite, et se voit contraint, pour légitimer les pratiques nouvelles, d'invoquer les usages, et d'admettre la *coutume* au nombre **des** sources du droit.

Et c'est là ce qui s'est produit au Moghreb ; il suffit, pour

___

(1) Nous devons ce renseignement à l'obligeance de M. *Marçais*, inspecteur général des Ecoles indigènes.

(2) **Vincent**, *op. cit.*, p. 34.

s'en convaincre, de voir combien diffèrent les contrats agricoles pratiqués au temps de *Khalil* et dont le juriconsulte nous donne les règles, de ceux qui sont en usage aujourd'hui, quelles différences séparent, par exemple, la *khamessat* algérienne de la *mouzara'at* du *Précis* ; et c'est là, notamment, ce qui explique *Derdir*, le commentateur de *Khalil*, ait été amené à ranger l'*O'rf* ou coutume, au nombre des sources fondamentales du droit, et ait été jusqu'à admettre, qu'en certains cas, l'*O'rf* pourrait l'emporter sur l'*idjma'at* [1].

Quel était ce droit moghrébin d'origine coutumière, qui s'est, ainsi, formé à côté du droit écrit ? — Nous le savons, dans une certaine mesure, par le recueil de *fétouas* qu'a publié *Ahmed el-Ouancharici* [2]. Mais *El-Ouancharici* est mort en l'an 914 de l'Hégire, qui correspond à l'année 1508 de notre ère, et, depuis cette époque, nous ne savons rien, absolument rien de ce qu'a été le droit du Moghreb.

7. — Il serait, cependant, intéressant de le savoir, ne serait-ce qu'au point de vue de l'intelligence de certaines institutions, de certaines particularités, notamment du régime foncier algérien antérieur à la conquête dont nous nous sommes efforcés de trouver l'analogue dans le droit des pays musulmans d'Orient, et dont l'étude du droit coutumier marocain nous fournirait bien plutôt l'explication, puisqu'ainsi qu'on l'a vu, le Moghreb s'est pendant longtemps systématiquement fermé aux influences orientales. Il sera même indispensable de le savoir le jour où l'on voudra entreprendre d'écrire ou d'enseigner l'histoire, non pas du droit musulman, — ce qui serait tout aussi déraisonnable et prétentieux que de vouloir écrire ou enseigner l'histoire du droit mondial ou, même, simplement, du droit européen ou asiatique, — mais des pays musulmans de l'Afrique mineure.

Il ne suffirait point, en effet, de retracer, ce qui serait relativement facile, étant donné les renseignements bibliographiques qui ont été déjà recueillis, le développement du droit malékite en Espagne et au Moghreb depuis les origines jusqu'au début du XVIᵉ siècle de notre ère, de rechercher les points sur lesquels

---

(1) Cf. Derdir, *Comment. de Khalil*, t. ii, p. 238, l. 12 et p. 295, l. 4.

(2) *La pierre de touche des Fétouas*, trad. Emile Amar.

les docteurs espagnols se sont séparés des moghrébins [1], de chercher à expliquer ces divergences et de s'en tenir là.

Il est bien vrai qu'au xvi⁰ siècle de notre ère, la science du droit est en pleine décadence au Moghreb [2] ; il se peut, aussi, que ce siècle et ceux qui l'ont suivi, aient marqué pour le Moghreb une période de véritable stagnation économique ; il est invraisemblable, cependant, que pendant plus de trois siècles, au Moghreb, aucune transformation des rapports juridiques ne se soit réalisée, que le droit n'ait point évolué.

Il y aurait lieu, en conséquence, selon nous, pour la période qui s'ouvre avec le xvi⁰ siècle de notre ère et se termine avec l'année 1830, de recueillir et de traduire les traités de pratique judiciaires et les *fétouas*, œuvres de *fouqaha* du Moghreb, ainsi que les jugements rendus par les cadis.

A la vérité, par suite « de la décadence et du déclin de la science », il y a tout lieu de penser que ces traités de pratique judiciaire sont assez rares ; il en existe, cependant. Le catalogue de la bibliothèque nationale d'Alger, établi par les soins de M. *Fagnan*, fait, en effet, mention d'un Recueil de questions juridiques accompagnées de leurs solutions, dans lequel on trouve de nombreux renseignements administratifs et politiques concernant le Moghreb, de *Yahya ben Mousa*, mort en 883 de l'Hégire et la bibliothèque de la Médersa de Tlemcen possède un manuscrit, dont l'auteur, *Abou Othman Sa'id el-Amiri et Tedli*, est mort en l'an 1718 de notre ère, et qui traite de nombreuses questions de jurisprudence locale spéciales à la région de Fez [3].

D'autre part, il est bien probable que, toujours à raison « de la décadence et du déclin de la science », le nombre des juristes en situation de délivrer des *fétouas* a dû singulièrement diminuer ; l'usage de solliciter des *fétouas* n'a, cependant, point disparu. C'est ainsi qu'au cours de la lutte qu'il a soutenue contre la France, nous voyons l'émir *Abd el Kader* obtenir une *fétoua* d'un *faqih* de Fez, *Sidi Ali et-Tsouli*, *fétoua* extrêmement

---

(1) Abou el-Hasan Ali ben Ast'iyya el Ouancharisi, *vers sur les points dans lesquels les jurisconsultes espagnols se sont écartés de l'école malékite*. Cf Mohammed ben Cheneb, *Catalogue des manuscrits arabes de la grande Mosquée d'Alger*, p. 60, xi.

(2) Cf. El Bostan, *trad. Provenzali*, p. 107.

(3) Cf. Cour, *Catalogue des manuscrits arabes de la Médersa de Tlemcen*, p. 51, n° 104.

curieuse où se trouvent développées touchant, notamment, la question de l'origine et de la justification de la responsabilité collective des tribus, des considérations du plus haut intérêt [1] et dont la lecture a augmenté les regrets que nous avons à constater que, pour la période postérieure à *El-Ouancharici*, l'œuvre si précieuse et si remarquable de M. *Emile Amar* n'a pas été continuée.

Quant aux jugements de cadis, il se peut que, pour la plupart, ils n'aient pas été consignés par écrit, et que, pour la plupart, aussi, ils ne soient pas motivés. Il n'en est pas moins vrai que certains d'entre eux pourraient être retrouvés ou reconstitués et que, s'ils ne portent point trace de motifs, ils doivent, tout au moins, contenir un exposé des faits qui renseignerait suffisamment sur les pratiques en usage, les mœurs et les coutumes de l'époque à laquelle ils ont été rendus.

Nous ne nous dissimulons pas ce qu'un pareil travail exigerait non seulement d'efforts matériels, mais surtout d'intelligence, de discernement, de science de la langue arabe et de l'écriture moghrébine en même temps que de connaissances juridiques. Mais il nous suffira de citer les noms de MM. *Luciani*, directeur des affaires indigènes au gouvernement général de l'Algérie ; *Marçais*, inspecteur général des écoles indigènes ; *Fagnan*, professeur à la Faculté des Lettres d'Alger, pour montrer qu'il est, en Algérie, des hommes en situation d'assumer la direction d'une telle entreprise et de la mener à bien. Ajoutons, enfin, qu'à une telle entreprise, des indigènes cultivés et lettrés, tels que MM. *Abderrazak Lacheref*, cadi hanéfite, et *Cherchali*, professeur à la Médersa d'Alger, pourraient fournir une précieuse collaboration.

8. — Quoi qu'il en soit, nous en sommes demeurés, en Algérie, au droit de *Khalil*, c'est-à-dire à un droit vieux de plus de cinq siècles, ou, plutôt, nous avons commis l'erreur de croire que nos indigènes en étaient restés là ; et, cette erreur, on le verra par la suite, a eu des conséquences quelque peu fâcheuses.

Mais d'où vient-elle ?

Vraisemblablement, le jour où, l'établissement de la France en Algérie étant devenu définitif, on résolut de soumettre la justice indigène au contrôle des juges français, l'on estima

______

(1) Cf. *Archives Marocaines*, t. XI, p. 116 et suiv., et 394 et suiv.

qu'il était bon de faire traduire, pour le mettre entre les mains de ces derniers, le recueil des lois d'après lesquelles la justice était rendue aux indigènes ; et, pour connaître ce recueil, tout naturellement, l'on s'adressa au cadi malékite d'Alger qui, plus instruit, pouvant y recourir et y recourant de préférence à raison du très grand nombre des espèces qui y étaient prévues et dont il y trouvait la solution [1], nous indiqua le *Précis* de *Khalil*. Peut-être, aussi, M. Worms nous a-t-il fourni l'explication de notre erreur, lorsqu'il a écrit qu' « en Afrique on ne craint pas de nous laisser entre les mains le *Moukhtasser* ou abrégé de Khalyl, certain que l'on est que celui qui n'est pas initié aux secrets de la loi et de la société musulmanes ne pourra, tout seul, en déchiffrer une phrase, quelque versé qu'il puisse être dans la connaissance de la langue arabe » [2].

Quoi qu'il en soit, nous n'ignorions pas que l'ouvrage de *Khalil* était vieux de plusieurs siècles ; mais nous considérions que, pour les musulmans, le droit et la religion se confondent ; nous tirions, de là, cette conséquence que, pour les musulmans, les principes juridiques ont la fixité, l'immuabilité des dogmes religieux ; et comme l'attachement des musulmans à leur religion nous était connu, pas un instant nous n'avons douté que le *Précis* de *Khalil* ne fût tenu, par les indigènes de l'Algérie et tous les indigènes, comme l'expression complète et définitive de la loi des musulmans du Moghreb [3].

Nous ignorions, ce qu'a si excellemment montré *Snouck Hurgronje*, que le droit enseigné, depuis des siècles, n'a plus rien de commun avec le droit appliqué, que « l'Ecole continue à enseigner avec le plus grand sérieux quels fonctionnaires il y a dans l'Etat mahométan théorique, qui n'existe nulle part en réalité, et en quoi consistent leurs fonctions ; elle continue à décrire l'administration des revenus imaginaires de cet Etat d'après des lois qui n'ont été tant soit peu appliquées que

---

(1) Cf. Vincent, *op. cit*, p. 35.

(2) Khalil, *trad. Perron*, t. I, p. XIX.

(3) La vérité, c'est que les indigènes de l'Algérie sont loin d'avoir pour le *Précis* de *Khalil* la haute estime que nous leur prêtons. Ainsi que nous le rappelait récemment le maître orientaliste *Dinet*, l'un de ceux qui ont le mieux pénétré la société indigène, nos musulmans font grief à *Khalil* de l'obscurité de son *Précis*, l'accusant de l'avoir voulue, afin de permettre au juge de donner gain de cause à tel des plaideurs que bon lui semble et de toujours soutenir que la sentence, rendue par lui, l'a été en conformité de la loi.

pendant les trente premières années de l'Islam ; elle continue à tracer la route qu'il faut suivre pour amener le monde entier sous l'autorité mahométane et à déterminer les lois de la guerre, les droits et les obligations des infidèles soumis, etc., etc. ; *elle ne se lasse pas d'enseigner une doctrine des contrats civils et un droit commercial absolument inapplicables dans les conditions actuelles du commerce et des affaires, en un mot, elle s'évertue à tracer les règles du droit qui devraient régir le monde s'il était tout autre que ce qu'il est en réalité* » [1].

Tout cela nous l'ignorions, et pas un instant nous n'avons songé à rechercher si, depuis l'époque à laquelle avait vécu *Khalil*, c'est-à-dire depuis le XIVe siècle de notre ère, ne s'étaient pas introduits des usages et fondée une jurisprudence en opposition, sur bien des points, avec les solutions fournies par le *Précis*. Pour nous, le *Précis* de *Khalil* avait été et était demeuré le Code des Musulmans malékites, non seulement d'Alger et de quelques autres villes, mais, aussi, de l'Algérie tout entière ; et voilà comment, depuis le jour où la France s'est préoccupée de rendre la justice aux musulmans malékites d'Algérie, c'est d'après *Khalil*, et uniquement d'après lui, que cette justice a été rendue, aussi bien par les juges indigènes formés et institués par nous, que par les magistrats français.

Il a dû se passer, en somme, en Algérie, ce qui se passe aujourd'hui au Sénégal, où il semble bien que ce soit nous qui avons introduit le *Précis* de *Khalil*. Sous prétexte qu'il est au Sénégal, des musulmans malékites, des tribunaux musulmans ont été constitués à Dakar, St-Louis et Rufisque, composés d'un cadi assisté d'*adoul* entre les mains de qui nous avons placé la partie du *Précis* de *Khalil* traduite par *Seignette*, en les invitant à se conformer aux dispositions du *Précis*, tant pour le prononcé des jugements que pour la rédaction des actes, alors que les indigènes, les *Ouolofs* en particulier, ont toujours protesté et protestent encore que, s'ils sont musulmans, ils n'ont jamais obéi qu'à leurs coutumes et entendent conserver le droit de n'obéir qu'à elles.

Et, ce qui se passe au Sénégal, se passera au Maroc, si nous n'y prenons garde. Les Marocains ont été beaucoup plus fortement et profondément islamisés que ne l'ont été les Sénégalais. Il n'en est pas moins vrai que si, à une certaine époque, le droit

------

[1] *Op. cit.*, p. 21 et 22.

de *Khalil* a peut-être reçu, au Maroc, une stricte et intégrale application, il y a beau temps qu'il y a été modifié, déformé, abrogé par l'usage et que c'est, non d'après la loi écrite, mais d'après la coutume que jugent la plupart des cadis marocains [1]. Il faudrait éviter qu'avec nos habitudes de clarté, notre besoin de précision, de sécurité, de certitude, et notre manie de l'uniformité, — au lieu de nous enquérir, dans chaque région, des mœurs, des traditions et des coutumes, nous ne soumettions, purement et simplement, les indigènes marocains parce que musulmans malékites, à l'observation des prescriptions contenues dans le *Précis* de *Khalil*.

9. — Il faudrait l'éviter parce qu'il n'est pas douteux que notre manière de procéder a eu, en Algérie comme au Sénégal, de fort regrettables conséquences.

Politiquement, nous avons commis une maladresse. Au Sénégal, où l'islamisation des indigènes est toute de surface, l'application stricte du droit musulman qui leur a été faite, les a vivement mécontentés [2]. En Algérie, où l'islamisation avait été complète, les mêmes récriminations ne se sont pas produites. Mais il n'est pas douteux qu'en faisant aux indigènes algériens l'application d'un droit strictement musulman, en enseignant aux magistrats indigènes, que nous avons formés, les principes de ce droit et en remettant en honneur un docteur musulman dont le culte n'était plus entretenu que dans quel-

---

(1) Au mois d'avril 1912, le cadi de Casablanca, sollicité d'appliquer, à la difficulté qui lui était soumise, la solution donnée par *Khalil* et ses commentateurs, répondit « qu'il n'avait que faire de la loi écrite et qu'il jugeait d'après la coutume ». (Extrait d'une lettre de M. Baudin, ancien officier interprète, avocat-défenseur près le tribunal consulaire de Casablanca, en date du 16 avril 1912).

(2) « Les tribunaux musulmans, les cadis, sont pourvus d'un Sidi-Khelil (*traduction Seignette*, car ici tous actes sont établis en français) et appliquent intégralement aux cas qui leur sont présentés le texte de l'auteur. D'où protestations violentes des justiciables, qui se disent bien musulmans, mais qui exigent l'application de leurs coutumes, comme d'ailleurs le leur accordent les textes qui régissent la matière. Les décisions des tribunaux de l'intérieur donnent lieu à moins de critiques, les choses se passent plus en famille et la coutume étant appliquée plus facilement par les juges complètement incultes, et l'administrateur plus conciliant. Quant à la Chambre de la Cour de Dakar elle applique souvent, avec une rigueur toute judiciaire le droit musulman, puisque les indigènes (les Ouolofs dans le cas) sont soi-disant musulmans. D'où cassation, annulation de jugements et désordre dans l'esprit des gens et quelquefois dans les villages ». (Extrait d'une lettre de M. Marty, officier interprète attaché au Cabinet du Gouverneur général de l'A. O. F., en date du 24 décembre 1912).

ques mosquées et de rares zaouïas, nous avons, en quelque sorte, fait revivre la société musulmane du XIVe siècle de notre ère, ressucité les influences musulmanes qui il y a plusieurs siècles, se sont exercées sur les indigènes algériens ; nous les avons réislamisés et il n'est pas douteux que, socialement et par la mentalité, ces indigènes sont, aujourd'hui, plus loin de nous qu'ils ne l'étaient à l'époque de la conquête.

Si, d'ailleurs, les indigènes algériens, très fortement attachés, encore, à l'islamisme au moment de l'occupation française, ont subi sans protester, parce que restés foncièrement musulmans, sans doute, l'application d'un droit qui avait cessé d'être le leur, il ne faudrait pas croire qu'ils n'aient pas eu à s'en plaindre. C'est qu'en effet, sur bien des points, la coutume, en la modifiant, avait singulièrement amélioré le droit musulman du XIVe siècle de notre ère, si bien qu'en substituant ce droit au droit coutumier dont nous ne soupçonnions pas l'existence, nous avons privé les indigènes de toutes les améliorations ainsi réalisées, et que notre intervention a marqué une régression dans l'évolution de leurs institutions.

En matière de mariage et de répudiation, par exemple, la doctrine admise par *Khalil* est que le mariage peut se former par un simple échange de consentements en présence de témoins [1], de même que la dissolution du mariage par la répudiation peut résulter du seul fait de la prononciation d'une formule répudiaire par le mari, voire même d'une simple indication de nature à faire comprendre [2] son intention de répudier.

Or, ce sont là des règles dont, pratiquement, les inconvénients se sont très vite manifestés nombreux et considérables. Il arrivait fréquemment, en effet, qu'au décès du mari, la veuve était écartée de la succession du mari par la famille de ce dernier, sous prétexte qu'elle n'avait jamais été mariée, ou sous prétexte qu'elle avait été répudiée ; et la femme ne pouvant rapporter une preuve certaine de son mariage ou se voyant opposer des témoins de complaisance affirmant le fait de la répudiation, le juge se trouvait dans l'obligation d'agréer

---

[1] Encore est-il bon d'observer que le jurisconsulte se borne à recommander la présence des témoins à la conclusion de l'acte et ne requiert leur présence qu'à la consommation du mariage. Cf. *Mariage et répudiation, trad. Fagnan*, p. 5 et 6.

[2] *Eod. loc.*, p. 118.

la demande de la famille du mari. Aussi, l'usage s'était-il introduit en Algérie, comme en tout pays musulman [1], de faire
constater par actes de cadi les mariages et les répudiations, et
la jurisprudence avait fini par admettre, qu'en l'absence d'un
acte de cadi, le mariage et la répudiation seraient tenus pour
inexistants. De par la coutume, le mariage et la répudiation
étaient devenus des actes solennels ; et c'était là une réforme
extrêmement heureuse. Or, tout récemment, un jugement du
tribunal de Mostaganem, en date du 25 février 1911 autorisait
la preuve de la répudiation par témoins, voir même par com-
mune renommée [2].

De même, selon *Khalil* et les docteurs de son temps, la
preuve testimoniale est le mode de preuve par excellence ; elle
est recevable en toute matière, quelle que soit l'importance des
intérêts en jeu ; elle peut être opposée à la preuve écrite même
quand l'acte produit est un acte de cadi, si bien que ces docteurs, comme on l'a dit, n'ont pas la notion de l'acte authen-
tique. — Or, tout le monde sait ce que vaut la preuve testimoniale chez les musulmans. Aussi, en Algérie, comme en tous
pays musulmans, des usages s'étaient-ils introduits, qui avaient
peu à peu restreint le champ d'application du témoignage,
affirmé la prééminence de la preuve écrite sur la preuve orale,
et interdit l'administration d'une preuve contraire, sauf en
certains cas spéciaux, à l'encontre d'un acte de cadi [3]. Or, les
juridictions françaises, en Algérie, ont toujours posé en principe, que, pour les musulmans algériens, la preuve pouvait
toujours être faite par le témoignage, et, très fréquemment,
elles ont admis qu'il pouvait être prouvé par témoins contre et
outre le contenu à un acte de cadi [4].

De même, enfin, c'est au *Kitab el ahkam es-Soultaniïat*
d'*El Maouerdi,* docteur chaféite, vivant au IXe siècle de notre

---

(1) Cf. notre *Avant-projet de Code musulman algérien,* art. 33, note 2, art.
143, note 1.

« Le mariage contracté en Tunisie, entre musulmans, ne peut, d'après la
coutume, être prouvé autrement que par un acte passé devant notaire »
(Tunis, 23 mai 1911 ; *J. Robe,* 1912, p. 92).

Au Maroc, « les adouls sont en quelque sorte des notaires et des greffiers ;
de plus, ce sont eux qui dressent les actes de mariage ou de répudiation »
(*Rev. du m. mus.* ; mars 1911, p. 522).

(2) Alger (Ch. de rév.), 8 juin 1911 ; *Rev. Alg.,* 1911, 2, 356.

(3) Cf. notre *Avant-projet de code musulman algérien,* art. 750, notes 2, 3 et 4.

(4) Trib. Alger, 20 janvier 1911 ; — *J. Robe,* 1911, p. 107.

ère, et décrivant le régime foncier de l'Orient en vigueur à son époque, que nous avons demandé de nous renseigner sur l'organisation de la propriété foncière en Algérie au temps de la conquête française, croyant qu'il y avait un régime foncier musulman, applicable et appliqué en tous pays musulmans. Il suffit de consulter le précieux recueil des *fétouas d'el Ouancharici* dont nous devons une impeccable traduction à M. *Amar* et les remarquables travaux de MM^{es} *Aubin, Michaux-Bellaire* et *Amar* sur l'organisation de la propriété foncière au Maroc, pour voir combien différait du régime foncier d'Orient le régime foncier du Moghreb, pour comprendre combien déplorables pour nos indigènes ont dû être, quelquefois, les conséquences de notre erreur.

Ces exemples pourraient être multipliés ; mais ils suffisent amplement à montrer quelle méprise nous avons commise en tenant pour synonymes, les mots : *droit musulman malékite*, et *droit des musulmans malékites de l'Afrique du Nord*, — et combien fâcheuses ont été les conséquences de cette méprise [1].

---

(1) Aussi serait-il désirable que, sans plus tarder, et pour atténuer ces conséquences, force exécutoire fût donnée au projet de code établi par la *Commission de codification du droit musulman algérien*, qui, tout en consacrant les principes fondamentaux de la loi musulmane, a fait une large place aux usages reçus en Algérie et a tenu compte des améliorations réalisées dans les pays musulmans étrangers.

ALGER — TYPOGRAPHIE ADOLPHE JOURDAN — ALGER

ALGER — TYPOGRAPHIE ADOLPHE JOURDAN — ALGER